I0053086

ADDRESS BOOK
NAVY

The Pocket Size Address Book

www.journalsrus.com

Address Book Navy

ISBN-10:1-63589-062-4
ISBN-13:978-1-63589-062-4

Table of Content

Name	Page		Name	Page

Name	Page		Name	Page

THIS PAGE WAS
INTENTIONALLY
LEFT BLANK

NAME……………………………………………………………………
ADDRESS……………………………………………………………….
…………………………………………………………………………….
MOBILE # (Cell)………………………………………………………..
HOME #…………………………………………………………………
WORK #…………………………………………………………………
FAX……………………………………………………………………..
EMAIL…………………………………………………………………..

NAME……………………………………………………………………
ADDRESS……………………………………………………………….
…………………………………………………………………………….
MOBILE # (Cell)………………………………………………………..
HOME #…………………………………………………………………
WORK #…………………………………………………………………
FAX……………………………………………………………………..
EMAIL…………………………………………………………………..

NAME……………………………………………………………………
ADDRESS……………………………………………………………….
…………………………………………………………………………….
MOBILE # (Cell)………………………………………………………..
HOME #…………………………………………………………………
WORK #…………………………………………………………………
FAX……………………………………………………………………..
EMAIL…………………………………………………………………..

NOTES:

NAME...
ADDRESS...
....
MOBILE # (Cell)...
HOME #..
WORK #..
FAX..
EMAIL...

NAME...
ADDRESS...
....
MOBILE # (Cell)...
HOME #..
WORK #..
FAX..
EMAIL...

NAME...
ADDRESS...
....
MOBILE # (Cell)...
HOME #..
WORK #..
FAX..
EMAIL...

NOTES:

NAME……………………………………………………………………
ADDRESS…………………………………………………………………....
……………………………………………………………………………......
MOBILE # (Cell)………………………………………………………..…..
HOME #……………………………………………………………..……....
WORK #…………………………………………………………….............
FAX…………………………………………………………………………..
EMAIL………………………………………………………………………..

NAME……………………………………………………………………
ADDRESS…………………………………………………………………....
……………………………………………………………………………......
MOBILE # (Cell)………………………………………………………..…..
HOME #……………………………………………………………..……....
WORK #…………………………………………………………….............
FAX…………………………………………………………………………..
EMAIL………………………………………………………………………..

NAME……………………………………………………………………
ADDRESS…………………………………………………………………....
……………………………………………………………………………......
MOBILE # (Cell)………………………………………………………..…..
HOME #……………………………………………………………..……....
WORK #…………………………………………………………….............
FAX…………………………………………………………………………..
EMAIL………………………………………………………………………..

NOTES:

NAME..
ADDRESS...
....
MOBILE # (Cell)..
HOME #...
WORK #...
FAX...
EMAIL..

NAME..
ADDRESS...
....
MOBILE # (Cell)..
HOME #...
WORK #...
FAX...
EMAIL..

NAME..
ADDRESS...
....
MOBILE # (Cell)..
HOME #...
WORK #...
FAX...
EMAIL..

NOTES:

NAME……………………………………………………………
ADDRESS……………………………………………………………
………………………………………………………………………
MOBILE # (Cell)……………………………………………………
HOME #………………………………………………………………
WORK #………………………………………………………………
FAX……………………………………………………………………
EMAIL…………………………………………………………………

NAME……………………………………………………………
ADDRESS……………………………………………………………
………………………………………………………………………
MOBILE # (Cell)……………………………………………………
HOME #………………………………………………………………
WORK #………………………………………………………………
FAX……………………………………………………………………
EMAIL…………………………………………………………………

NAME……………………………………………………………
ADDRESS……………………………………………………………
………………………………………………………………………
MOBILE # (Cell)……………………………………………………
HOME #………………………………………………………………
WORK #………………………………………………………………
FAX……………………………………………………………………
EMAIL…………………………………………………………………

NOTES:

NAME……………………………………………………………………
ADDRESS…………………………………………………………………
……………………………………………………………………………
MOBILE # (Cell)…………………………………………………………
HOME #……………………………………………………………………
WORK #……………………………………………………………………
FAX…………………………………………………………………………
EMAIL………………………………………………………………………

NAME……………………………………………………………………
ADDRESS…………………………………………………………………
……………………………………………………………………………
MOBILE # (Cell)…………………………………………………………
HOME #……………………………………………………………………
WORK #……………………………………………………………………
FAX…………………………………………………………………………
EMAIL………………………………………………………………………

NAME……………………………………………………………………
ADDRESS…………………………………………………………………
……………………………………………………………………………
MOBILE # (Cell)…………………………………………………………
HOME #……………………………………………………………………
WORK #……………………………………………………………………
FAX…………………………………………………………………………
EMAIL………………………………………………………………………

NOTES:

NAME……………………………………………………………………
ADDRESS…………………………………………………………….....
…………………………………………………………………………....
MOBILE # (Cell)…………………………………………………...….
HOME #……………………………………………………………..…....
WORK #………………………………………………………….............
FAX……………………………………………………………………..
EMAIL…………………………………………………………………..

NAME……………………………………………………………………
ADDRESS…………………………………………………………….....
…………………………………………………………………………....
MOBILE # (Cell)…………………………………………………...….
HOME #……………………………………………………………..…....
WORK #………………………………………………………….............
FAX……………………………………………………………………..
EMAIL…………………………………………………………………..

NAME……………………………………………………………………
ADDRESS…………………………………………………………….....
…………………………………………………………………………....
MOBILE # (Cell)…………………………………………………...….
HOME #……………………………………………………………..…....
WORK #………………………………………………………….............
FAX……………………………………………………………………..
EMAIL…………………………………………………………………..

NOTES:

NAME...
ADDRESS..
....
MOBILE # (Cell)...
HOME #...
WORK #...
FAX...
EMAIL...

NAME...
ADDRESS..
....
MOBILE # (Cell)...
HOME #...
WORK #...
FAX...
EMAIL...

NAME...
ADDRESS..
....
MOBILE # (Cell)...
HOME #...
WORK #...
FAX...
EMAIL...

NOTES:

NAME……………………………………………………………
ADDRESS……………………………………………………….…
…………………………………………………………………….…
MOBILE # (Cell)…………………………………………….…….
HOME #……………………………………………………..…….
WORK #………………………………………………….........
FAX…………………………………………………………….
EMAIL…………………………………………………………….

NAME……………………………………………………………
ADDRESS……………………………………………………….…
…………………………………………………………………….…
MOBILE # (Cell)…………………………………………….…….
HOME #……………………………………………………..…….
WORK #………………………………………………….........
FAX…………………………………………………………….
EMAIL…………………………………………………………….

NAME……………………………………………………………
ADDRESS……………………………………………………….…
…………………………………………………………………….…
MOBILE # (Cell)…………………………………………….…….
HOME #……………………………………………………..…….
WORK #………………………………………………….........
FAX…………………………………………………………….
EMAIL…………………………………………………………….

NOTES:

NAME……………………………………………………………
ADDRESS……………………………………………………………
……………………………………………………………………
MOBILE # (Cell)………………………………………………
HOME #……………………………………………………………
WORK #……………………………………………………………
FAX…………………………………………………………………
EMAIL………………………………………………………………

NAME……………………………………………………………
ADDRESS……………………………………………………………
……………………………………………………………………
MOBILE # (Cell)………………………………………………
HOME #……………………………………………………………
WORK #……………………………………………………………
FAX…………………………………………………………………
EMAIL………………………………………………………………

NAME……………………………………………………………
ADDRESS……………………………………………………………
……………………………………………………………………
MOBILE # (Cell)………………………………………………
HOME #……………………………………………………………
WORK #……………………………………………………………
FAX…………………………………………………………………
EMAIL………………………………………………………………

NOTES:

NAME……………………………………………………………
ADDRESS…………………………………………………………....
……………………………………………………………………....
MOBILE # (Cell)…………………………………………….....…..
HOME #…………………………………………………………......
WORK #…………………………………………………………........
FAX………………………………………………………………….
EMAIL……………………………………………………………….

NAME……………………………………………………………
ADDRESS…………………………………………………………....
……………………………………………………………………....
MOBILE # (Cell)…………………………………………….....…..
HOME #…………………………………………………………......
WORK #…………………………………………………………........
FAX………………………………………………………………….
EMAIL……………………………………………………………….

NAME……………………………………………………………
ADDRESS…………………………………………………………....
……………………………………………………………………....
MOBILE # (Cell)…………………………………………….....…..
HOME #…………………………………………………………......
WORK #…………………………………………………………........
FAX………………………………………………………………….
EMAIL……………………………………………………………….

NOTES:

NAME……………………………………………………………………
ADDRESS…………………………………………………………………....
……………………………………………………………………………....
MOBILE # (Cell)………………………………………………………..…..
HOME #…………………………………………………………………..…....
WORK #…………………………………………………………………........
FAX………………………………………………………………………..
EMAIL……………………………………………………………………..

NAME……………………………………………………………………
ADDRESS…………………………………………………………………....
……………………………………………………………………………....
MOBILE # (Cell)………………………………………………………..…..
HOME #…………………………………………………………………..…....
WORK #…………………………………………………………………........
FAX………………………………………………………………………..
EMAIL……………………………………………………………………..

NAME……………………………………………………………………
ADDRESS…………………………………………………………………....
……………………………………………………………………………....
MOBILE # (Cell)………………………………………………………..…..
HOME #…………………………………………………………………..…....
WORK #…………………………………………………………………........
FAX………………………………………………………………………..
EMAIL……………………………………………………………………..

NOTES:

NAME…………………………………………………………………
ADDRESS…………………………………………………………….....
……………………………………………………………………….....
MOBILE # (Cell)……………………………………………….…..
HOME #………………………………………………………..……...
WORK #…………………………………………………………..........
FAX…………………………………………………………………..
EMAIL………………………………………………………………..

NAME…………………………………………………………………
ADDRESS…………………………………………………………….....
……………………………………………………………………….....
MOBILE # (Cell)……………………………………………….…..
HOME #………………………………………………………..……...
WORK #…………………………………………………………..........
FAX…………………………………………………………………..
EMAIL………………………………………………………………..

NAME…………………………………………………………………
ADDRESS…………………………………………………………….....
……………………………………………………………………….....
MOBILE # (Cell)……………………………………………….…..
HOME #………………………………………………………..……...
WORK #…………………………………………………………..........
FAX…………………………………………………………………..
EMAIL………………………………………………………………..

NOTES:

NAME...
ADDRESS...
....
MOBILE # (Cell)...
HOME #..
WORK #..
FAX...
EMAIL...

NAME...
ADDRESS...
....
MOBILE # (Cell)...
HOME #..
WORK #..
FAX...
EMAIL...

NAME...
ADDRESS...
....
MOBILE # (Cell)...
HOME #..
WORK #..
FAX...
EMAIL...

NOTES:

NAME..
ADDRESS...
....
MOBILE # (Cell)...
HOME #...
WORK #..
FAX...
EMAIL...

NAME..
ADDRESS...
....
MOBILE # (Cell)...
HOME #...
WORK #..
FAX...
EMAIL...

NAME..
ADDRESS...
....
MOBILE # (Cell)...
HOME #...
WORK #..
FAX...
EMAIL...

NOTES:

NAME……………………………………………………………
ADDRESS……………………………………………………………
……………………………………………………………………
MOBILE # (Cell)……………………………………………………
HOME #……………………………………………………………
WORK #……………………………………………………………
FAX…………………………………………………………………
EMAIL………………………………………………………………

NAME……………………………………………………………
ADDRESS……………………………………………………………
……………………………………………………………………
MOBILE # (Cell)……………………………………………………
HOME #……………………………………………………………
WORK #……………………………………………………………
FAX…………………………………………………………………
EMAIL………………………………………………………………

NAME……………………………………………………………
ADDRESS……………………………………………………………
……………………………………………………………………
MOBILE # (Cell)……………………………………………………
HOME #……………………………………………………………
WORK #……………………………………………………………
FAX…………………………………………………………………
EMAIL………………………………………………………………

NOTES:

NAME..
ADDRESS...
....
MOBILE # (Cell)...
HOME #...
WORK #...
FAX...
EMAIL...

NAME..
ADDRESS...
....
MOBILE # (Cell)...
HOME #...
WORK #...
FAX...
EMAIL...

NAME..
ADDRESS...
....
MOBILE # (Cell)...
HOME #...
WORK #...
FAX...
EMAIL...

NOTES:

NAME……………………………………………………………………
ADDRESS……………………………………………………………….....
………………………………………………………………………….....
MOBILE # (Cell)………………………………………………..…….
HOME #……………………………………………………………..…....
WORK #………………………………………………………….........
FAX……………………………………………………………………….
EMAIL……………………………………………………………………..

NAME……………………………………………………………………
ADDRESS……………………………………………………………….....
………………………………………………………………………….....
MOBILE # (Cell)………………………………………………..…….
HOME #……………………………………………………………..…....
WORK #………………………………………………………….........
FAX……………………………………………………………………….
EMAIL……………………………………………………………………..

NAME……………………………………………………………………
ADDRESS……………………………………………………………….....
………………………………………………………………………….....
MOBILE # (Cell)………………………………………………..…….
HOME #……………………………………………………………..…....
WORK #………………………………………………………….........
FAX……………………………………………………………………….
EMAIL……………………………………………………………………..

NOTES:

NAME…………………………………………………………………
ADDRESS…………………………………………………………………
…………………………………………………………………………
MOBILE # (Cell)……………………………………………………
HOME #……………………………………………………………………
WORK #……………………………………………………………………
FAX…………………………………………………………………………
EMAIL………………………………………………………………………

NAME…………………………………………………………………
ADDRESS…………………………………………………………………
…………………………………………………………………………
MOBILE # (Cell)……………………………………………………
HOME #……………………………………………………………………
WORK #……………………………………………………………………
FAX…………………………………………………………………………
EMAIL………………………………………………………………………

NAME…………………………………………………………………
ADDRESS…………………………………………………………………
…………………………………………………………………………
MOBILE # (Cell)……………………………………………………
HOME #……………………………………………………………………
WORK #……………………………………………………………………
FAX…………………………………………………………………………
EMAIL………………………………………………………………………

NOTES:

NAME...
ADDRESS..
....
MOBILE # (Cell)..
HOME #..
WORK #..
FAX..
EMAIL..

NAME...
ADDRESS..
....
MOBILE # (Cell)..
HOME #..
WORK #..
FAX..
EMAIL..

NAME...
ADDRESS..
....
MOBILE # (Cell)..
HOME #..
WORK #..
FAX..
EMAIL..

NOTES:

NAME……………………………………………………………………
ADDRESS………………………………………………………………....
…………………………………………………………………………......
MOBILE # (Cell)…………………………………………………..…..
HOME #……………………………………………………………..…....
WORK #…………………………………………………………….........
FAX…………………………………………………………………….
EMAIL……………………………………………………………………..

NAME……………………………………………………………………
ADDRESS………………………………………………………………....
…………………………………………………………………………......
MOBILE # (Cell)…………………………………………………..…..
HOME #……………………………………………………………..…....
WORK #…………………………………………………………….........
FAX…………………………………………………………………….
EMAIL……………………………………………………………………..

NAME……………………………………………………………………
ADDRESS………………………………………………………………....
…………………………………………………………………………......
MOBILE # (Cell)…………………………………………………..…..
HOME #……………………………………………………………..…....
WORK #…………………………………………………………….........
FAX…………………………………………………………………….
EMAIL……………………………………………………………………..

NOTES:

NAME……………………………………………………………
ADDRESS…………………………………………………………
…………………………………………………………………
MOBILE # (Cell)……………………………………………………
HOME #……………………………………………………………
WORK #……………………………………………………………
FAX…………………………………………………………………
EMAIL………………………………………………………………

NAME……………………………………………………………
ADDRESS…………………………………………………………
…………………………………………………………………
MOBILE # (Cell)……………………………………………………
HOME #……………………………………………………………
WORK #……………………………………………………………
FAX…………………………………………………………………
EMAIL………………………………………………………………

NAME……………………………………………………………
ADDRESS…………………………………………………………
…………………………………………………………………
MOBILE # (Cell)……………………………………………………
HOME #……………………………………………………………
WORK #……………………………………………………………
FAX…………………………………………………………………
EMAIL………………………………………………………………

NOTES:

NAME...
ADDRESS..
....
MOBILE # (Cell)...
HOME #...
WORK #...
FAX..
EMAIL...

NAME...
ADDRESS..
....
MOBILE # (Cell)...
HOME #...
WORK #...
FAX..
EMAIL...

NAME...
ADDRESS..
....
MOBILE # (Cell)...
HOME #...
WORK #...
FAX..
EMAIL...

NOTES:

NAME……………………………………………………………
ADDRESS……………………………………………………….....
…………………………………………………………………....
MOBILE # (Cell)…………………………………………….…….
HOME #…………………………………………………..……....
WORK #…………………………………………………….........
FAX…………………………………………………………….
EMAIL…………………………………………………………..

NAME……………………………………………………………
ADDRESS……………………………………………………….....
…………………………………………………………………....
MOBILE # (Cell)…………………………………………….…….
HOME #…………………………………………………..……....
WORK #…………………………………………………….........
FAX…………………………………………………………….
EMAIL…………………………………………………………..

NAME……………………………………………………………
ADDRESS……………………………………………………….....
…………………………………………………………………....
MOBILE # (Cell)…………………………………………….…….
HOME #…………………………………………………..……....
WORK #…………………………………………………….........
FAX…………………………………………………………….
EMAIL…………………………………………………………..

NOTES:

NAME..
ADDRESS...
....
MOBILE # (Cell)...
HOME #..
WORK #..
FAX...
EMAIL..

NAME..
ADDRESS...
....
MOBILE # (Cell)...
HOME #..
WORK #..
FAX...
EMAIL..

NAME..
ADDRESS...
....
MOBILE # (Cell)...
HOME #..
WORK #..
FAX...
EMAIL..

NOTES:

NAME……………………………………………………………………
ADDRESS……………………………………………………………….
……………………………………………………………………………
MOBILE # (Cell)……………………………………………………..
HOME #………………………………………………………………..
WORK #…………………………………………………………………
FAX……………………………………………………………………..
EMAIL…………………………………………………………………..

NAME……………………………………………………………………
ADDRESS……………………………………………………………….
……………………………………………………………………………
MOBILE # (Cell)……………………………………………………..
HOME #………………………………………………………………..
WORK #…………………………………………………………………
FAX……………………………………………………………………..
EMAIL…………………………………………………………………..

NAME……………………………………………………………………
ADDRESS……………………………………………………………….
……………………………………………………………………………
MOBILE # (Cell)……………………………………………………..
HOME #………………………………………………………………..
WORK #…………………………………………………………………
FAX……………………………………………………………………..
EMAIL…………………………………………………………………..

NOTES:

NAME…………………………………………………………………
ADDRESS……………………………………………………………....
……………………………………………………………………….....
MOBILE # (Cell)………………………………………………..…..
HOME #……………………………………………………..……....
WORK #…………………………………………………………........
FAX…………………………………………………………………..
EMAIL………………………………………………………………..

NAME…………………………………………………………………
ADDRESS……………………………………………………………....
……………………………………………………………………….....
MOBILE # (Cell)………………………………………………..…..
HOME #……………………………………………………..……....
WORK #…………………………………………………………........
FAX…………………………………………………………………..
EMAIL………………………………………………………………..

NAME…………………………………………………………………
ADDRESS……………………………………………………………....
……………………………………………………………………….....
MOBILE # (Cell)………………………………………………..…..
HOME #……………………………………………………..……....
WORK #…………………………………………………………........
FAX…………………………………………………………………..
EMAIL………………………………………………………………..

NOTES:

NAME……………………………………………………………
ADDRESS…………………………………………………………
…………………………………………………………………
MOBILE # (Cell)……………………………………………………
HOME #……………………………………………………………
WORK #……………………………………………………………
FAX…………………………………………………………………
EMAIL………………………………………………………………

NAME……………………………………………………………
ADDRESS…………………………………………………………
…………………………………………………………………
MOBILE # (Cell)……………………………………………………
HOME #……………………………………………………………
WORK #……………………………………………………………
FAX…………………………………………………………………
EMAIL………………………………………………………………

NAME……………………………………………………………
ADDRESS…………………………………………………………
…………………………………………………………………
MOBILE # (Cell)……………………………………………………
HOME #……………………………………………………………
WORK #……………………………………………………………
FAX…………………………………………………………………
EMAIL………………………………………………………………

NOTES:

NAME..
ADDRESS..
....
MOBILE # (Cell)...
HOME #...
WORK #...
FAX...
EMAIL...

NAME..
ADDRESS..
....
MOBILE # (Cell)...
HOME #...
WORK #...
FAX...
EMAIL...

NAME..
ADDRESS..
....
MOBILE # (Cell)...
HOME #...
WORK #...
FAX...
EMAIL...

NOTES:

NAME..
ADDRESS...
....
MOBILE # (Cell)...
HOME #..
WORK #..
FAX...
EMAIL..

NAME..
ADDRESS...
....
MOBILE # (Cell)...
HOME #..
WORK #..
FAX...
EMAIL..

NAME..
ADDRESS...
....
MOBILE # (Cell)...
HOME #..
WORK #..
FAX...
EMAIL..

NOTES:

NAME……………………………………………………………

ADDRESS……………………………………………………….

……………………………………………………………….

MOBILE # (Cell)………………………………………………

HOME #…………………………………………………………

WORK #…………………………………………………………

FAX………………………………………………………………

EMAIL……………………………………………………………

NAME……………………………………………………………

ADDRESS……………………………………………………….

……………………………………………………………….

MOBILE # (Cell)………………………………………………

HOME #…………………………………………………………

WORK #…………………………………………………………

FAX………………………………………………………………

EMAIL……………………………………………………………

NAME……………………………………………………………

ADDRESS……………………………………………………….

……………………………………………………………….

MOBILE # (Cell)………………………………………………

HOME #…………………………………………………………

WORK #…………………………………………………………

FAX………………………………………………………………

EMAIL……………………………………………………………

NOTES:

NAME...
ADDRESS..
....
MOBILE # (Cell)..
HOME #...
WORK #...
FAX..
EMAIL..

NAME...
ADDRESS..
....
MOBILE # (Cell)..
HOME #...
WORK #...
FAX..
EMAIL..

NAME...
ADDRESS..
....
MOBILE # (Cell)..
HOME #...
WORK #...
FAX..
EMAIL..

NOTES:

NAME……………………………………………………………
ADDRESS………………………………………………………....
…………………………………………………………………....
MOBILE # (Cell)…………………………………………..…..
HOME #…………………………………………………..…....
WORK #……………………………………………………........
FAX…………………………………………………………….
EMAIL…………………………………………………………..

NAME……………………………………………………………
ADDRESS………………………………………………………....
…………………………………………………………………....
MOBILE # (Cell)…………………………………………..…..
HOME #…………………………………………………..…....
WORK #……………………………………………………........
FAX…………………………………………………………….
EMAIL…………………………………………………………..

NAME……………………………………………………………
ADDRESS………………………………………………………....
…………………………………………………………………....
MOBILE # (Cell)…………………………………………..…..
HOME #…………………………………………………..…....
WORK #……………………………………………………........
FAX…………………………………………………………….
EMAIL…………………………………………………………..

NOTES:

NAME…………………………………………………………
ADDRESS……………………………………………………….
…………………………………………………………………
MOBILE # (Cell)……………………………………………….
HOME #…………………………………………………………
WORK #…………………………………………………………
FAX………………………………………………………………
EMAIL……………………………………………………………

NAME…………………………………………………………
ADDRESS……………………………………………………….
…………………………………………………………………
MOBILE # (Cell)……………………………………………….
HOME #…………………………………………………………
WORK #…………………………………………………………
FAX………………………………………………………………
EMAIL……………………………………………………………

NAME…………………………………………………………
ADDRESS……………………………………………………….
…………………………………………………………………
MOBILE # (Cell)……………………………………………….
HOME #…………………………………………………………
WORK #…………………………………………………………
FAX………………………………………………………………
EMAIL……………………………………………………………

NOTES:

NAME..
ADDRESS..
....
MOBILE # (Cell)..
HOME #..
WORK #..
FAX...
EMAIL...

NAME..
ADDRESS..
....
MOBILE # (Cell)..
HOME #..
WORK #..
FAX...
EMAIL...

NAME..
ADDRESS..
....
MOBILE # (Cell)..
HOME #..
WORK #..
FAX...
EMAIL...

NOTES:

NAME……………………………………………………………………
ADDRESS…………………………………………………………………...
………………………………………………………………………………...
MOBILE # (Cell)……………………………………………………..…..
HOME #……………………………………………………………...…....
WORK #……………………………………………………………….........
FAX……………………………………………………………………….
EMAIL……………………………………………………………………..

NAME……………………………………………………………………
ADDRESS…………………………………………………………………...
………………………………………………………………………………...
MOBILE # (Cell)……………………………………………………..…..
HOME #……………………………………………………………...…....
WORK #……………………………………………………………….........
FAX……………………………………………………………………….
EMAIL……………………………………………………………………..

NAME……………………………………………………………………
ADDRESS…………………………………………………………………...
………………………………………………………………………………...
MOBILE # (Cell)……………………………………………………..…..
HOME #……………………………………………………………...…....
WORK #……………………………………………………………….........
FAX……………………………………………………………………….
EMAIL……………………………………………………………………..

NOTES:

NAME……………………………………………………………
ADDRESS………………………………………………………….
……………………………………………………………………
MOBILE # (Cell)…………………………………………………
HOME #…………………………………………………………
WORK #…………………………………………………………
FAX……………………………………………………………..
EMAIL…………………………………………………………..

NAME……………………………………………………………
ADDRESS………………………………………………………….
……………………………………………………………………
MOBILE # (Cell)…………………………………………………
HOME #…………………………………………………………
WORK #…………………………………………………………
FAX……………………………………………………………..
EMAIL…………………………………………………………..

NAME……………………………………………………………
ADDRESS………………………………………………………….
……………………………………………………………………
MOBILE # (Cell)…………………………………………………
HOME #…………………………………………………………
WORK #…………………………………………………………
FAX……………………………………………………………..
EMAIL…………………………………………………………..

NOTES:

NAME..
ADDRESS..
....
MOBILE # (Cell)..
HOME #..
WORK #..
FAX...
EMAIL...

NAME..
ADDRESS..
....
MOBILE # (Cell)..
HOME #..
WORK #..
FAX...
EMAIL...

NAME..
ADDRESS..
....
MOBILE # (Cell)..
HOME #..
WORK #..
FAX...
EMAIL...

NOTES:

NAME…………………………………………………………………
ADDRESS…………………………………………………………….....
…………………………………………………………………………....
MOBILE # (Cell)……………………………………………………..…..
HOME #…………………………………………………………..……....
WORK #…………………………………………………………….........
FAX………………………………………………………………………..
EMAIL……………………………………………………………………..

NAME…………………………………………………………………
ADDRESS…………………………………………………………….....
…………………………………………………………………………....
MOBILE # (Cell)……………………………………………………..…..
HOME #…………………………………………………………..……....
WORK #…………………………………………………………….........
FAX………………………………………………………………………..
EMAIL……………………………………………………………………..

NAME…………………………………………………………………
ADDRESS…………………………………………………………….....
…………………………………………………………………………....
MOBILE # (Cell)……………………………………………………..…..
HOME #…………………………………………………………..……....
WORK #…………………………………………………………….........
FAX………………………………………………………………………..
EMAIL……………………………………………………………………..

NOTES:

NAME……………………………………………………………………
ADDRESS…………………………………………………………………..
……………………………………………………………………………..
MOBILE # (Cell)……………………………………………………..…….
HOME #………………………………………………………………..…...
WORK #…………………………………………………………….............
FAX………………………………………………………………………….
EMAIL…………………………………………………………………….....

NAME……………………………………………………………………
ADDRESS…………………………………………………………………..
……………………………………………………………………………..
MOBILE # (Cell)……………………………………………………..…….
HOME #………………………………………………………………..…...
WORK #…………………………………………………………….............
FAX………………………………………………………………………….
EMAIL…………………………………………………………………….....

NAME……………………………………………………………………
ADDRESS…………………………………………………………………..
……………………………………………………………………………..
MOBILE # (Cell)……………………………………………………..…….
HOME #………………………………………………………………..…...
WORK #…………………………………………………………….............
FAX………………………………………………………………………….
EMAIL…………………………………………………………………….....

NOTES:

NAME……………………………………………………………
ADDRESS……………………………………………………….
…………………………………………………………………
MOBILE # (Cell)…………………………………………………
HOME #……………………………………………………………
WORK #……………………………………………………………
FAX…………………………………………………………………
EMAIL……………………………………………………………

NAME……………………………………………………………
ADDRESS……………………………………………………….
…………………………………………………………………
MOBILE # (Cell)…………………………………………………
HOME #……………………………………………………………
WORK #……………………………………………………………
FAX…………………………………………………………………
EMAIL……………………………………………………………

NAME……………………………………………………………
ADDRESS……………………………………………………….
…………………………………………………………………
MOBILE # (Cell)…………………………………………………
HOME #……………………………………………………………
WORK #……………………………………………………………
FAX…………………………………………………………………
EMAIL……………………………………………………………

NOTES:

NAME……………………………………………………………………
ADDRESS…………………………………………………………………
……………………………………………………………………………
MOBILE # (Cell)……………………………………………………
HOME #…………………………………………………………………
WORK #…………………………………………………………………
FAX………………………………………………………………………
EMAIL……………………………………………………………………

NAME……………………………………………………………………
ADDRESS…………………………………………………………………
……………………………………………………………………………
MOBILE # (Cell)……………………………………………………
HOME #…………………………………………………………………
WORK #…………………………………………………………………
FAX………………………………………………………………………
EMAIL……………………………………………………………………

NAME……………………………………………………………………
ADDRESS…………………………………………………………………
……………………………………………………………………………
MOBILE # (Cell)……………………………………………………
HOME #…………………………………………………………………
WORK #…………………………………………………………………
FAX………………………………………………………………………
EMAIL……………………………………………………………………

NOTES:

NAME..
ADDRESS..
....
MOBILE # (Cell)..
HOME #...
WORK #...
FAX..
EMAIL..

NAME..
ADDRESS..
....
MOBILE # (Cell)..
HOME #...
WORK #...
FAX..
EMAIL..

NAME..
ADDRESS..
....
MOBILE # (Cell)..
HOME #...
WORK #...
FAX..
EMAIL..

NOTES:

NAME……………………………………………………………………
ADDRESS…………………………………………………………………
…………………………………………………………………………………
MOBILE # (Cell)……………………………………………………………
HOME #……………………………………………………………………
WORK #……………………………………………………………………
FAX…………………………………………………………………………
EMAIL………………………………………………………………………

NAME……………………………………………………………………
ADDRESS…………………………………………………………………
…………………………………………………………………………………
MOBILE # (Cell)……………………………………………………………
HOME #……………………………………………………………………
WORK #……………………………………………………………………
FAX…………………………………………………………………………
EMAIL………………………………………………………………………

NAME……………………………………………………………………
ADDRESS…………………………………………………………………
…………………………………………………………………………………
MOBILE # (Cell)……………………………………………………………
HOME #……………………………………………………………………
WORK #……………………………………………………………………
FAX…………………………………………………………………………
EMAIL………………………………………………………………………

NOTES:

NAME...
ADDRESS..
....
MOBILE # (Cell)..
HOME #..
WORK #..
FAX..
EMAIL...

NAME...
ADDRESS..
....
MOBILE # (Cell)..
HOME #..
WORK #..
FAX..
EMAIL...

NAME...
ADDRESS..
....
MOBILE # (Cell)..
HOME #..
WORK #..
FAX..
EMAIL...

NOTES:

NAME……………………………………………………………………
ADDRESS…………………………………………………………………
……………………………………………………………………………
MOBILE # (Cell)…………………………………………………………
HOME #……………………………………………………………………
WORK #……………………………………………………………………
FAX…………………………………………………………………………
EMAIL……………………………………………………………………

NAME……………………………………………………………………
ADDRESS…………………………………………………………………
……………………………………………………………………………
MOBILE # (Cell)…………………………………………………………
HOME #……………………………………………………………………
WORK #……………………………………………………………………
FAX…………………………………………………………………………
EMAIL……………………………………………………………………

NAME……………………………………………………………………
ADDRESS…………………………………………………………………
……………………………………………………………………………
MOBILE # (Cell)…………………………………………………………
HOME #……………………………………………………………………
WORK #……………………………………………………………………
FAX…………………………………………………………………………
EMAIL……………………………………………………………………

NOTES:

NAME...
ADDRESS...
....
MOBILE # (Cell)...
HOME #..
WORK #..
FAX...
EMAIL..

NAME...
ADDRESS...
....
MOBILE # (Cell)...
HOME #..
WORK #..
FAX...
EMAIL..

NAME...
ADDRESS...
....
MOBILE # (Cell)...
HOME #..
WORK #..
FAX...
EMAIL..

NOTES:

NAME..
ADDRESS..
....
MOBILE # (Cell)..
HOME #..
WORK #..
FAX..
EMAIL..

NAME..
ADDRESS..
....
MOBILE # (Cell)..
HOME #..
WORK #..
FAX..
EMAIL..

NAME..
ADDRESS..
....
MOBILE # (Cell)..
HOME #..
WORK #..
FAX..
EMAIL..

NOTES:

NAME...
ADDRESS..
....
MOBILE # (Cell)...
HOME #..
WORK #..
FAX...
EMAIL..

NAME...
ADDRESS..
....
MOBILE # (Cell)...
HOME #..
WORK #..
FAX...
EMAIL..

NAME...
ADDRESS..
....
MOBILE # (Cell)...
HOME #..
WORK #..
FAX...
EMAIL..

NOTES:

NAME..
ADDRESS..
....
MOBILE # (Cell)...
HOME #...
WORK #...
FAX...
EMAIL..

NAME..
ADDRESS..
....
MOBILE # (Cell)...
HOME #...
WORK #...
FAX...
EMAIL..

NAME..
ADDRESS..
....
MOBILE # (Cell)...
HOME #...
WORK #...
FAX...
EMAIL..

NOTES:

NAME……………………………………………………………
ADDRESS……………………………………………………….
……………………………………………………………………
MOBILE # (Cell)………………………………………………
HOME #……………………………………………………….
WORK #……………………………………………………….
FAX…………………………………………………………….
EMAIL………………………………………………………….

NAME……………………………………………………………
ADDRESS……………………………………………………….
……………………………………………………………………
MOBILE # (Cell)………………………………………………
HOME #……………………………………………………….
WORK #……………………………………………………….
FAX…………………………………………………………….
EMAIL………………………………………………………….

NAME……………………………………………………………
ADDRESS……………………………………………………….
……………………………………………………………………
MOBILE # (Cell)………………………………………………
HOME #……………………………………………………….
WORK #……………………………………………………….
FAX…………………………………………………………….
EMAIL………………………………………………………….

NOTES:

NAME..
ADDRESS..
....
MOBILE # (Cell)...
HOME #...
WORK #...
FAX..
EMAIL...

NAME..
ADDRESS..
....
MOBILE # (Cell)...
HOME #...
WORK #...
FAX..
EMAIL...

NAME..
ADDRESS..
....
MOBILE # (Cell)...
HOME #...
WORK #...
FAX..
EMAIL...

NOTES:

NAME..
ADDRESS..
....
MOBILE # (Cell)..
HOME #..
WORK #...
FAX...
EMAIL..

NAME..
ADDRESS..
....
MOBILE # (Cell)..
HOME #..
WORK #...
FAX...
EMAIL..

NAME..
ADDRESS..
....
MOBILE # (Cell)..
HOME #..
WORK #...
FAX...
EMAIL..

NOTES:

NAME…………………………………………………………………
ADDRESS……………………………………………………………….
……………………………………………………………………….
MOBILE # (Cell)…………………………………………………….
HOME #……………………………………………………………….
WORK #……………………………………………………………….
FAX…………………………………………………………………….
EMAIL…………………………………………………………………

NAME…………………………………………………………………
ADDRESS……………………………………………………………….
……………………………………………………………………….
MOBILE # (Cell)…………………………………………………….
HOME #……………………………………………………………….
WORK #……………………………………………………………….
FAX…………………………………………………………………….
EMAIL…………………………………………………………………

NAME…………………………………………………………………
ADDRESS……………………………………………………………….
……………………………………………………………………….
MOBILE # (Cell)…………………………………………………….
HOME #……………………………………………………………….
WORK #……………………………………………………………….
FAX…………………………………………………………………….
EMAIL…………………………………………………………………

NOTES:

NAME……………………………………………………………
ADDRESS………………………………………………………....
…………………………………………………………………....
MOBILE # (Cell)………………………………………………..…..
HOME #…………………………………………………..……....
WORK #…………………………………………………….........
FAX…………………………………………………………………..
EMAIL…………………………………………………………………..

NAME……………………………………………………………
ADDRESS………………………………………………………....
…………………………………………………………………....
MOBILE # (Cell)………………………………………………..…..
HOME #…………………………………………………..……....
WORK #…………………………………………………….........
FAX…………………………………………………………………..
EMAIL…………………………………………………………………..

NAME……………………………………………………………
ADDRESS………………………………………………………....
…………………………………………………………………....
MOBILE # (Cell)………………………………………………..…..
HOME #…………………………………………………..……....
WORK #…………………………………………………….........
FAX…………………………………………………………………..
EMAIL…………………………………………………………………..

NOTES:

www.ingramcontent.com/pod-product-compliance
Lightning Source LLC
Chambersburg PA
CBHW060511220326
41598CB00025B/3626
* 9 7 8 1 6 3 5 8 9 0 6 2 4 *